AUX CITOYENS

COMPOSANT LE COMITÉ

DE

SURETÉ GÉNÉRALE.

AUX CITOYENS

COMPOSANT LE COMITÉ

DE

SURETÉ GÉNÉRALE.

Louis-Joseph TORCY, citoyen domicilié à Vitry-sur-Marne, homme de loi, élu juge suppléant au tribunal de cassation pour le département de la Marne, réclame contre l'atteinte portée à sa liberté par les comités de surveillance de la commune de Saint-Dizier, étrangere à son département.

A

Le 16 du vendémiaire, Torcy a été arrêté en vertu d'ordres des comités de surveillance de la ville et des faubourgs de Saint-Dizier réunis. Fort de sa conscience, il présente tout-à-la-fois au comité de sûreté générale, et les inculpations qui lui sont faites dans le rapport desdits comités de Saint-Dizier, et ses motifs de justification.

RAPPORT.	**RÉPONSE.**

Depuis la loi qui ordonne la vente des biens des émigrés, Louis-Joseph Torcy, homme de loi, faisoit profession ouverte d'entraver, par ses chicanes, la vente desdits biens. Ses oppositions abusives, sa conduite, son séjour habituel et successif chez tous les parens et amis des émigrés de ce district, l'ont justement rendu suspect à nos concitoyens.	Long-tems avant la loi qui ordonne la vente des biens des émigrés, Louis-Joseph Torcy avait des rapports d'affaires dans le district de Saint-Dizier, ce district étant régi par la coutume de Vitry, et ressortissant autrefois au présidial de Vitry. Torcy a prêté ses secours à quelques femmes et parens d'émigrés qui les ont réclamés; mais ce n'a jamais été que pour les faire jouir des droits qui paraissoient leur appartenir;

c'est toujours dans la loi ou dans des titres non-révoqués par la loi, qu'il a puisé ses moyens. En cela il est irréprochable ; il a rempli le devoir que lui prescrivoit le titre de défenseur officieux.

Les séjours qu'on reproche à Torcy, dans le district de Saint-Dizier, ont eu pour objet, chacun le sait dans le pays, des successions compliquées qu'il a été chargé de régler. Il a pu faire aussi quelques voyages courts pour des affaires de parens d'émigrés ; ces affaires l'exigeoient. Et peut-on en faire un crime à un défenseur officieux ?

Ce fait est du mois de juin. Il n'y a point eu de sommation : Le citoyen chez lequel Torcy étoit descendu à Saint-Dizier, a seulement reçu lettre du co-

Dénoncé au comité de la ville, sommé par ledit comité de faire devant lui la déclaration prescrite par la loi du 21 mars dernier, ledit Torcy, par une lettre signée de lui, a refusé de venir devant ledit comité, et un prompt départ l'a soustrait aux poursuites que le comité alloit faire contre sa personne.

Les comités des deux sections de Saint-Dizier avertis le sept octobre que ledit Torcy étoit arrivé dans cette commune, que pour suspicions motivées, on avoit été sur le point de demander son arrestation à Eclaron, où il étoit chez une personne parente à des émigrés, lors qu'un départ subit l'a amené dans cette ville, s'assemblerent extraordinairement, et réunis, ils ont conféré sur les moyens à prendre dans les circonstances relatives audit Torcy.

mité à son sujet. Mais la loi du 21 mars est positive; elle n'a rapport qu'aux étrangers, qu'aux personnes nées hors du territoire de la République. Torcy pouvoit donc écrire au comité qu'il n'étoit pas dans le cas de la déclaration demandée.

Il seroit à souhaiter qu'on eut fait connoître les personnes qu'on dit avoir été sur le point de demander à Eclaron l'arrestation du citoyen Torcy; on verroit que ce sont les mêmes qui l'ont provoquée et fait exécuter à Saint-Dizier. Torcy ne craint pas d'assurer que la personne qui s'est rendue pour cela à Eclaron, n'eut pas trouvé dans cette commune les esprits disposés à se prêter à une démarche aussi odieuse.

Il faut que l'arrestation d'un

Les comités considérant que ledit Torcy a refusé de se soumettre à la loi du 21 mars dernier, quoiqu'il en ait été requis par une autorité légitime.

Considérant qu'un bon citoyen, bien loin d'entraver l'exécution de la loi, doit en procurer la pleine et entière exécution, que cependant l'admistration est inondée de déclarations et d'oppositions dénuées de fondement, faites par

citoyen d'une commune voisine ait paru bien extraordinaire à ceux mêmes qu'on portait à l'exécuter ; car ni la loi du 21 mars, ni celle du 17 septembre n'autorisent la réunion de plusieurs comités. Chaque comité est restreint à son seul arrondissement.

Torcy n'étoit pas obligé de se conformer à une loi qui ne le regardoit pas. Avant la loi du 17 septembre, les comités de surveillance n'avoient de droit que sur les étrangers non français. Torcy d'ailleurs n'a pas été requis personnellement.

Torcy sait quels sont les devoirs d'un bon citoyen : il sait que la loi doit être exécutée, mais que cette exécution n'est point arbitraire. Defenseur officieux, il avait le même droit que ceux qu'il représen-

ledit Torcy au nom des parents et amis des émigrés, que cette conduite a retardé beaucoup l'exécution de la loi, et que par conséquent il a encouru l'animadversion portée contre ceux qui arrêteroient la marche des loix.

toit, le droit de pétition, de réclamation, d'opposition même, lorsqu'il a cru que la loi, que des titres non révoqués par la loi autorisoient ces démarches. Ce n'est point là entraver la marche des loix; c'est en demander la pleine et entière exécution, aucune dispositions de la loi ne pouvant être négligées.

C'est trancher bien net que de dire que les réclamations et oppositions faites par Torcy étoient dénuées de fondement, tandis qu'il étoit question de points de droit plus ou moins épineux, de clauses matrimoniales, de donations sur lesquelles la loi n'avoit point prononcé, tellement que les décisions des administrateurs ont été différentes selon les divers départemens.

Au reste quelles qu'aient pu être ces réclamations, elles

Considérant que ledit Torcy est compromis dans une lettre saisie chez une personne suspecte, d'après laquelle il est regardé comme un des principaux agens des émigrés.

n'ont jamais pu retarder la marche de l'administration : celle-ci avoit toujours le pouvoir de passer outre. Du côté de l'administration est le pouvoir et la force ; du côté du pétitionnaire, c'est la faiblesse et la soumission à la décision qui peut être portée.

Torcy ignore le contenu de la lettre, ne sait pas même à qui, ni par qui elle a été écrite. Tout ce qu'il peut dire, c'est que s'il n'y est pas désigné formellement, il est injuste de s'en servir contre lui ; c'est que si, comme l'a dit le président du comité de la ville, c'est une lettre d'un émigré avertissant sa femme de ne rien faire pour ses affaires avec l'administration, sans consulter le citoyen Torcy, ce n'est pas une moindre injustice d'en

Considérant que ledit Torcy étoit dans la maison d'une personne suspecte et mise en état d'arrestation, que le motif connu de son voyage étoit, de concerter avec les personnes suspectes, les moyens d'éluder les loix des 12 et 17 septembre.

conclure que Torcy étoit un des principaux agens des émigrés. Il ne seroit toujours question de lui que comme conseil d'une femme d'émigré, et non d'un émigré : et un conseil ne fut jamais *un agent*.

Torcy avoit été effectivement appelé à Saint - Dizier, par un citoyen qui venoit d'y être mis en arrestation, pour lui dresser une pétition tendante à exposer au comité qu'il n'étoit pas dans le cas de la loi. Torcy ne devoit donc encore agir que comme conseil et défenseur officieux. Il s'est adressé à la municipalité, pour s'assurer de la liberté due à tous défenseurs officieux, et n'est entré chez le citoyen qui l'avoit appelé, qu'avec la permission du commandant de la garde nationale.

Tels

Tels sont les motifs d'après lesquels les comités de Saint-Dizier n'ont pas craint de mettre en captivité un père de famille, un citoyen reconnu vrai patriote par sa commune, et réclamé comme tel en ce moment par ceux qui sont à portée de connoître sa conduite habituelle. Un pareil acte n'est-il pas une espèce de fédéralisme qui, s'il n'étoit arrêté dans sa source, pourroit armer les communes de la République les unes contre les autres? N'est-ce pas aussi un attentat formel à la liberté à laquelle a droit un défenseur officieux, dès-là qu'il se restreint à ses fonctions, et se renferme dans les bornes de son ministère; surtout lorsqu'on ne produit rien contre lui, qui annonce selon l'expression de la loi, de l'attachement à la tyrannie, au fédéralisme, ou la haine de la liberté, et qu'au contraire, il présente des témoignages non-équivoques d'un amour constant pour les loix, et d'un dévouement sincère à la révolution.

Or, on n'impute à Torcy, ni discours, ni propos, ni écrits capables de jetter le moindre nuage sur ses sentimens patriotiques. On a fait l'inventaire le plus exact de ses papiers, tant à Saint-Dizier que dans son domicile à Vitry; on n'y a rien trouvé qui pût compromettre son civisme connu.

Enfin les fonctions publiques auxquelles il a été appelé par le choix des électeurs de son département, son exactitude scrupuleuse à remplir tous les devoirs civiques, son empressement à concourir par des contributions volontaires à la défense de

B

la patrie, les attestations de civisme que lui a données dans tous
les tems le conseil général de sa commune, la réclamation so-
lemnelle que font de lui en ce moment tous ses concitoyens,
voila les titres non-équivoques de son patriotisme, ses droits à
la liberté qu'il réclame.

De l'Imprimerie de PAIN, Cloître Saint-Honoré.

AUX CITOYENS

COMPOSANT LE COMITÉ

SÛRETÉ GÉNÉRALE.

LA réponse de Louis-Joseph Torcy, de Vitry-sur-Marne, au rapport des comités de surveillance de Saint-Dizier, a dû vous convaincre de l'injustice des imputations qui ont motivé son arrestation. Aujourd'hui il met sous vos yeux les réclamations que les comités de surveillance et le conseil-général de sa commune ont faites de lui, tant auprès des autorités constituées de Saint-Dizier, qu'auprès du comité de sûreté générale : réclamations tellement fondées, que le conseil-général de la commune de Saint-Dizier y a lui-même donné un assentiment formel.

En effet, Torcy peut réduire toute sa défense à ce seul raisonnement.

A

» J'ai été arrêté à Saint-Dizier, sous prétexte de conseils
» donnés à quelques femmes d'émigrés, dans leurs affaires
» avec l'administration de ce district. En cela il n'y a point
» de délit, puisque la loi accorde à tout citoyen prévenu
» même de crimes, la faculté de s'aider d'un conseil, puisque
» je me suis toujours renfermé dans les bornes des fonctions
» d'un défenseur officieux.

» Si je suis détenu comme suspect ; citoyen de Vitry-sur-
» Marne, ce n'est point aux comités de Saint-Dizier, c'est à
» ceux de ma commune qu'il appartient de prononcer contre
» moi un jugement de suspicion. Ceux-là seuls peuvent dé-
» clarer un citoyen suspect, quand il n'y a point de délit
» particulier, qui sont à portée de connaître sa conduite ha-
» bituelle, et de juger de ses sentimens. Donc, les comités
» de Saint-Dizier ont au moins outre-passé leurs pouvoirs ».

Aussi Torcy espère-t-il que le comité de sûreté générale,
ay égard aux réclamations des comités de surveillance et du
conseil-général de la commune du lieu de son domicile, le
renverra pardevant le comité de sa section de Vitry, pour,
par celui-ci, régler sous sa responsabilité, ce qu'il jugera
expédient d'après la loi.

PREMIERE PIECE.

Copie de la lettre adressée le huit octobre mil sept cent quatre-vingt-treize, second de la République Française, aux membres composant les comités de Surveillance réunis de la ville de Saint-Dizier, par ceux de Vitry-sur Marne.

CITOYENS,

NOTRE premier soin, au reçu de votre lettre, a été de déférer à votre invitation et de faire apposer les scellés sur les papiers du citoyen Detorcy, et de faire dresser procès-verbal de ceux qui se sont trouvés en évidence.

Nous vous envoyons le procès-verbal, comme nous vous l'avons promis; vous verrez d'après ses mentions le parti que vous pourrez prendre.

Mais nous croyons devoir vous observer que le citoyen Detorcy, étant domicilié dans notre commune, si, dans les papiers que vous avez trouvés, il n'existe que des motifs de suspicion et non des preuves de délit, c'est singulièrement à la surveillance des comités de sa commune qu'il doit être renvoyé. Nous sommes, fraternellement, etc. *Signé*, Desaint Genis, Châteaux, Dominé-Deslandres, Hatot, Charlon, Salligny, Gillet, Guichart, Desaint-Genis, Jacquier, Drouait, Lenoble.

A 2

I L

EXTRAIT DU REGISTRE *des délibérations du conseil général de la Commune de Vitry-sur-Marne, en la séance publique tenue le dix octobre mil sept cent quatrevingt-treize, l'an deuxième de la République une et indivisible.*

L'ÉPOUSE, le père, les frères, oncles et parens de Louis-Joseph Detorcy, homme de loi, domicilié à Vitry, ont présenté une pétition, par laquelle après avoir rendu compte que ledit citoyen Louis-Joseph Detorcy, appelé en la ville de Saint-Dizier, pour les affaires de son état, y avait été arrêté, de l'ordre des comités de surveillance établis en cette ville, sous prétexte de liaison avec des personnes suspectes de la ville de Saint-Dizier, ont demandé que le conseil général délibérât s'il n'était pas à propos de le réclamer devant les autorités constituée de cette ville.

Le conseil général après en avoir conféré avec les comités de surveillance établis en cette ville, pris communication du mandat d'arrestation décerné par les comités de surveillance de la commune de Saint-Dizier, contre le citoyen Louis-Joseph Detorcy, du procès-verbal d'apposition des scellés faite par les commissaires du comité de surveillance de la section dudit citoyen Detorcy sur ses papiers, et avoir délibéré en présence des membres des deux comités de surveillance.

Considérant que d'après les décrets des 12 août et 17 septembre derniers chaque comité ne doit exercer sa surveillance que dans l'étendue de sa section, que ces décrets n'ont point dérogé à la liberté accordée à tout citoyen Français de voyager dans toute l'étendue de la République,

&A

pouivu qu'il soit muni de passeport et de certificat de civisme ; que le citoyen Louis-Joseph Detorcy a obtenu certificat de civisme du conseil général ; qu'il lui a été délivré un passeport ; que si les comités de surveillance de chaque commune, sans avoir égard aux expéditions dont sont munis les voyageurs, se croyent autorisés à les mettre en arrestation sous prétexte de suspicion, il n'y aura plus rien de si dangereux que les voyages ; que d'après le mandat d'arrestation décerné contre ledit citoyen Detorcy, il n'est fait mention d'aucuns indices de délits ; que ces comités ne l'ont point renvoyé à la municipalité comme prévenu de délits contre la sureté générale, ni au juge de paix comme prévenu d'un délit particulier ; qu'il ne lui est imputé que d'être suspect en la ville de Saint-Dizier ; qu'à ce titre tout ce que les autorités constituées de la ville où ses comités de surveillance pouvaient faire, était de lui enjoindre de sortir de leur territoire et de donner avis de leurs craintes aux autorités constituées et comités de surveillance de son domicile ; qu'il est intéressant pour les autorités constituées de la ville de Vitry de protéger la liberté de leurs concitoyens, de prévenir les haines et l'animosité qui pourraient naître d'actes d'autorité illégaux, qui seraient exercés contre eux dans leur voisinage.

A arrêté que le citoyen Louis-Joseph Detorcy serait réclamé au nom du conseil général de la commune de Vitry, tant auprès des comités de surveillance de Saint-Dizier, qu'auprès des autorités constituées, dans le cas toutes fois comme il a lieu de le croire, d'après la conduite dudit citoyen Detorcy, où il n'y aurait contre lui aucuns indices de délits, et où il n'aurait point été livré à la municipalité ou à l'oficier de police ; que les comités seront seulement invités à donner les motifs de suspicion qu'ils peuvent avoir contre lui, afin que ledit conseil général de la commune de Vitry, et les comités de surveillance puissent, s'il y a lieu, éclairer ses démarches avec plus de vigilance. Et qu'à cet effet il sera envoyé deux commissaires porteurs de l'expédition du présent arrêté et des expéditions par ampliation des délibérations des comités de surveillance de la ville relatives à l'avis à eux donné par les comités de Saint-Dizier de l'arrestation du citoyen Detorcy. Et ont les citoyens Salligny et Guichard membres du conseil de la commune été nommés commissaires et chargés de se transporter à Saint-Dizier le plus promptement qu'il leur sera possible.

Expédié par moi secrétaire greffier de la commune de Vitry-sur-Marne, *sousigné*

LENOBLE.

III.

EXTRAIT DES LIASSES *du secrétariat de la municipalité de la ville de Vitry-sur-Marne.*

EXTRAIT DES RÉGISTRES *du greffe de la municipalité de Saint-Dizier.*

Ce jourd'hui dix octobre mil sept cent quatrevingt-treize, l'an deuxième de la République française une et indivisible, sept heures après midi, le conseil général étant assemblé à la maison commune lieu de ses séances ordinaires et la séance publique se sont trouvés les citoyens Guyard maire, Cauiet, Allisé, d'Allemagne, Poletot, Boulainveaux, officiers municipaux,

Robert, Ondart, Clement Curé, Clément, Déliencourt Lemaire, Huet, Navet, Guyot, Cornu Charpentier, et Pestat notables, et Landon Procureur de la Commune.

Se sont présentés les citoyens Salligny et Guichard, membres du conseil général de la commune de Vitry-sur-Marne, lesquels ont donné connaissance d'une délibération prise par le conseil général de ladite ville de Vitry-sur-Marne, en datte de ce jour, par laquelle ils sont nommés commissaires à l'effet de se retirer auprès des comités de surveillance et des autorités constituées de cette ville, pour réclamer le citoyen Louis-Joseph Detorcy, mis en état d'arrestation par les comités de surveillance réunis de cette ville, et nous ont invité à réunir au conseil général l'administration du district et les membres composant lesdits deux comités, pour délibérer sur leur réclamation laissée sur le bureau.

A l'instant les citoyens Landon et Allisé ont été nommés commissaires à l'effet d'inviter les membres des deux comités de surveillance de cette ville de se rendre dans le lieu de cette séance,

Les citoyens Potelot et d'Allemagne ont été pareillement nommés commissaires pour faire la même invitation aux membres composant l'administration du district.

Les membres des deux comités étant arrivés ainsi que ceux de l'administration, les citoyens commissaires du conseil général de la commune de Vitry-sur-Marne, ont donné connaissance aux autorités réunies de leur mission tant par la lecture de la délibération de ce jour, qui les nomme commissaires, que par celle des autres pièces dont-ils sont porteurs.

Après avoir été entendus, les membres des deux comités ont annoncé qu'ils ne devaient compte du jugement qu'ils ont porté contre le citoyen Detorcy, qu'au comité de salut public, et qu'ils n'entendaient prendre part à aucune délibération.

A été pareillement représenté par les membres composant l'administration du district, qu'ils n'étaient pas compétens pour délibérer sur la demande faite par les citoyens commissaires du conseil général de la commune de Vitry-sur-Marne.

Il a été représenté par lesdits citoyens commissaires qu'ils n'avaient jamais entendu donnr lieu à aucune rivalité entre les différentes autoritées constituées, mais seulement inviter l'administration du district les membres des comités de surveillance et le conseil général de cette commune à se réunir pour délibérer soit ensemble, soit séparément sur la réclamation qu'ils faisaient de leur concitoyen dans le cas où il ne serait coupable d'aucun délit.

Que la réunion par eux désirée leur paraissait d'autant moins extraordinaire, que pareille réunion avait eu lieu dans leur ville, notament par la délibération dont-ils sont porteurs.

Les administrateurs du district et les membres des comités de surveillance ayant persisté, se sont retirés sans attendre la rédaction, et il a été de tout ce que dessus fait et rédigé le présent procès-verbal dont expédition a été remise auxdits citoyens commissaires, signé enfin, Potelot, Guyard, Allisé, Lemaire, Guyot, Clément, Laudon, Cornu, d'Allemagne, Lemaire et autres avec ainsi que l'adjoint secrétaire.

Pour expédition conforme signé Guyard Maire et Obriot secrétaire adjoint.

LENOBLE.

(9)

I V.

EXTRAIT *des registres des délibérations du conseil général de la commune de Saint Dizier.*

CE jourd'hui onze octobre mil sept cent quatre-vingt treize, l'an deux de la République française, une et indivisible , sept heures après midi ; le conseil général de la commune étant assemblé au lieu de ses séances ordinaires , et où se sont trouvés les citoyens Guyard maire, Caulet, Allisé Dalmagne , Boulainveau , potelot , officiers-municipaux , Roben Oudard , Clémencé , Clément delioncourt , Lemaire , Huet , Navet , Guyot , Cornu Charpentier , Pestat , notables , et Landon procureur de la commune ;

Le conseil général prenant en considération le message des citoyens Saligny et Guychard auprès des autorités constituées de cette ville , tendant à réclamer au nom du conseil général de la commune et des deux comités de surveillance de la ville Vitry-sur-Marne , le citoyen Detorcy mis en état d'arrestation par les comités de surveillance de cette ville.

Considérant que la liberté individuelle est la base essentielle de notre constitution républicaine.

Que la garantie de cette liberté repose spécialement sur la surveillance des magistrats le plus près du peuple , par lui immédiatement élus.

Que ces magistrats ont le droit incontestable de s'informer des motifs de la détention d'un de leurs concitoyens quelque part qu'elle ait lieu;

Que d'après ces principes la réclamation faite par le conseil général et

B

les comités de surveillance de la commune de Vitry - sur - Marne auprès
des autorités constituées de cette ville, n'est que l'expréssion du sentiment
fortement prononcé d'un des premiers devoirs de leur place.

Que la réunion des autorités désirée par les représentans de la commune
de Vitry, loin de fournir l'occasion d'un empiétement de pouvoir de la
part d'une autorité sur une autre, ne laisse que l'idée d'une réunion fra-
ternelle, d'un concert, de l'harmonie qui doivent exister entr'elles.

Que par l'heureux effet de notre nouvellé constitution lés réunions sont
devenues fréquentes, que chaque individu y concourt, depouillé de l'esprit
de rivalité des anciennes corporations où il ne voit que le bien général, ou
particulier qui en est toujours l'objet.

Qu'il est très-naturel que des représentans d'une commune recherchent
en quelque sorte, le secours des corps constitués pour appuyer la réclamation qu'il viennent faire de la liberté d'un de leurs concitoyens auprès de
l'autorité qui l'en a privé, ou au moins de sa personne pour être remise
sous l'autorité immédiate de ses juges naturels.

Que la discussion dans le sein des autorités constituées réunies de la question de savoir si le citoyen Detorcy prévenu de suspicion par les comités
de surveillance de cette ville et mis sur ce fondement en état d'arrestation,
doit être retenu ou renvoyé au comité de surveillance de la section du
lieu de sa résidence, était par elle-même assez importante pour être désirée par les différentes autorités, afin de fixer à cet égard les opinions
individuelles.

Que d'après la loi du 17 septembre les comités de surveillance sont chargés de dresser chacun dans son arrondissement, la liste des gens suspects,

de dresser contr'eux les mandats d'arrêts et de faire apposer les scelés sur leurs papiers, qu'il semblerait résulter de cette disposition que le citoyen Detorcy n'étant pas domicilié dans cette ville, ayant été jugé suspect par le comité de surveillance, aurait dû être renvoyé à ceux de sa commune pour prononcer définitivement sur les motifs de suspicion.

Que quelque soit la décision à porter sur cette question, elle ne peut être refusée à la commune de Vitry.

Le conseil général considérant enfin qu'il doit faire pour elle ce qu'elle voudrait qu'elle fît pour lui dans pareille circonstance, voulant lui donner des preuves de ses sentimens fraternels et remplir envers elle les devoirs du bon voisinage.

Après avoir entendu le procureur de la commune, a arrêté les disposition suivantes.

Les comités de surveillance des deux sections de la ville et de Lanoue sont invités à prendre en considération la réclamation faite par les citoyens Saligny et Guychard, représentans de la commune de Vitry-sur-Marne, au nom des autorités constituées de leur ville, de la personne du citoyen Detorcy l'un de leurs concitoyens, mis en état d'arrestation dans la maison d'arrêt de cette ville, pour être remis au comité de surveillance de Vitry.

Il sera envoyé à chacun des comités une expédition de la présente délibération et de celle des autorités réunies de la commune de Vitry.

Expédition de la présente délibération sera pareillement remise à l'administration du district et il sera envoyé une au conseil général de la commune de Vitry-sur-Marne.

B 2

V.

EXTRAIT DU REGISTRE des délibérations de la Commune de Vitry-sur-Marne, en la séance publique tenue le 31 octobre 1793, ère ancienne, et le dixième jour du deuxième mois de la deuxième année de la République Française une et indivisible.

LE conseil général de la commune de Vitry-sur-Marne, département de la Marne, informé que le citoyen Detorcy fils aîné, habitant de cette coummune, voyageant dans la ville de Saint-Dizier, département de la haute Marne, avait été mis en arrestation par les comités de surveillance de ladite ville, que néanmoins ledit citoyen Detorcy était porteur d'un passeport et d'un certificat de civisme, a cru devoir s'informer des motifs qui avaient pu déterminer cette arrestation, et si ce citoyen avait été arrêté comme prévenu d'un délit ou simplement comme suspect.

D'après les informations qu'il a prises, il a su que le citoyen Detorcy n'avait été arrêté que comme suspect, et sous prétexte de liaison avec des ci-devant nobles, et qu'on lui reprochait encore d'avoir entravé les opérations du district de Saint-Dizier, en défendant la cause des femmes et parens d'émigrés.

Le conseil général de la commune, ne trouvant dans la conduite de son concitoyen aucun indice de délit, mais de simples motifs de suspicion allégués par les comités de Saint-Dizier, a cru devoir le revendiquer auprès des comités de surveillance de la ville de Saint-Dizier, et des autres autorités constituées de la même ville, en observant que, s'il était prévenu

d'un délit, il devait être livré aux tribunaux, et que s'il n'était que suspect, il devait être renvoyé à sa municipalité pour y être surveillé. Il
a pris une délibération à cet effet, le dix du présent mois d'octobre, et a
député deux commissaires pris dans son sein pour porter cette délibération; elle a été lue aux comités de surveillance et autres autorités constituées de la ville de Saint-Dizier. Les comités de surveillance ont persisté
dans l'exécution pure et simple de leur mandat d'arrêt.

Le conseil général de la commune croit cependant que d'après les décrets du 12 et 17 septembre dernier, chaque comité ne doit exercer sa
surveillance que dans l'étendue de sa section; que ces décrets n'ont point
dérogé à la liberté qu'a tout citoyen Français de voyager dans l'étendue de la République avec passeport et certificat de civisme.

Si les comités de surveillance de chaque commune, sans avoir égard
aux expéditions dont sont munis les voyageurs, se croyent autorisés à les
mettre en arrestation, sous prétexte de suspicion; alors il n'y aura plus
rien de si dangereux que les voyages. Et des actes de cette nature, pourraient établir des haines, des animosités, des rivalités entre les différentes
communes.

Il n'y a pas de doute que tout citoyen prévenu d'un délit peut-être
arrêté dans le lieu où le délit est commis, et doit être livré aux tribunaux
à qui la connaissance en appartient. Mais lorsqu'un citoyen n'est que
suspect dans une municipalité où il voyage, et qu'il est muni des expéditions nécessaires, tout ce que doivent faire les comités de surveillance
ou autres autorités constistuées, c'est d'enjoindre à ce citoyen de sortir
de la commune, où il parait suspect, et d'en donner avis à la municipalité ou au comité de surveillance du lieu de son domicile, même de l'y
renvoyer sous bonne et sure garde, si la suspicion est de nature à don-

ner des craintes ; c'est alors au comité de surveillance de la résidence du citoyen sucpect à le sureveiller, ou à le mettre en arrestation, s'il le juge nécessaires.

Le conseil général de la commune de Vitry-sur-Marne croit ces principes conformes aux dispositions de la loi ; c'est d'après cela qu'il a cru devoir réclamer son concitoyen auprès des autorités constituées de la ville de Saint-Dizier ; et c'est aussi d'après cela qu'il le réclame auprès du comité de sûreté générale de la convention nationale, d'autant plus que depuis qu'il lui a été accordé certificat de civisme, et jusqu'a l'instant où il a été arrêté à Saint-Dizier, le conseil n'a rien reconnu dans ses démarches ou ses paroles qui puisse en atténuer l'attestation.

De l'Imprimerie de PAIN, Cloître Saint-Honoré.

www.ingramcontent.com/pod-product-compliance
Lightning Source LLC
LaVergne TN
LVHW051333200726
843510LV00002B/627